OBSERVATIONS

SUR

LE PROJET DE LOI

ÉLECTORALE,

PAR

AVOCAT A LA COUR ROYALE DE PARIS.

« Sans une bonne loi électorale, la plus
» libérale de toutes les chartes n'est
» qu'un mensonge. »

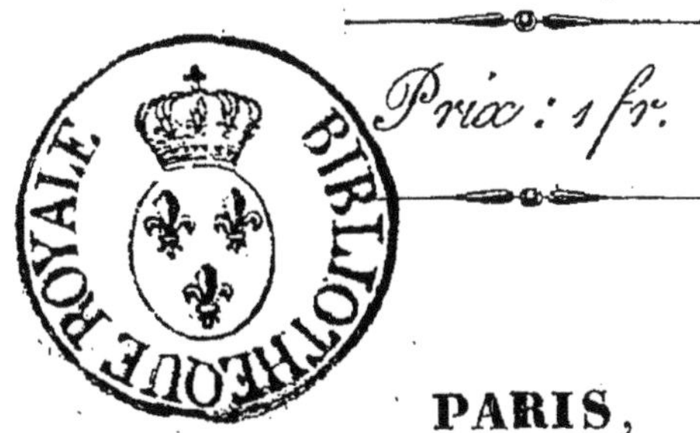

PARIS,

CHEZ TOUS LES LIBRAIRES ET LES MARCHANDS DE NOUVEAUTÉS.

JANVIER 1831.

OBSERVATIONS

SUR

LE PROJET DE LOI

ÉLECTORALE.

Dans les circonstances ordinaires, une nouvelle loi électorale éveille la sollicitude de tous les citoyens; c'est un acte politique d'une haute importance. Dans les circonstances extraordinaires, après un bouleversement politique, lorsqu'un sceptre antique s'est brisé en éclats, lorsque la chute d'un trône de douze siècles ébranle encore le sol tremblant de la patrie, dans ces circonstances suprêmes, une loi électorale est pour le pays une question d'existence; il s'agit pour lui d'être ou de ne pas être.

Aussi jamais loi n'a excité plus vivement l'attention publique que le projet actuellement soumis à la discussion des chambres législatives. La France attend cette discussion solennelle pour prononcer entre la chambre des députés et ses accusateurs. Si, comme tout porte à le croire, la chambre élective, répudiant son origine, sacrifie les intérêts et les droits du peuple aux vues étroites d'une ambition mal entendue, la non-réélection de la majorité de cette chambre sera prononcée irrévocablement. Le système désastreux et rétrograde qu'elle a suivi invariablement depuis quelques mois, est loin de rassurer la France sur l'esprit qui présidera à la confection de la loi électorale. Les hommes prévoyans craignent même vivement que le projet de loi du ministère ne soit gâté et défiguré par la chambre élective.

Il faut en convenir, le projet de loi du ministère consacre

de grandes améliorations à la loi aujourd'hui en vigueur. Mais ces améliorations, qui auraient pu être considérées comme immenses, il y a une année, sont-elles suffisantes depuis que le soleil de juillet a lui sur la France? Il sera facile de démontrer la négative, et surtout de prouver que le ministère, fort de ses bonnes intentions, et arrêté dans sa marche par des influences de majorités parlementaires, est resté au-dessous des véritables besoins de la France. En suivant, malgré lui sans doute, une voie routinière et timide, il n'a fait qu'un projet souvent dépourvu de logique, et qui reproduit, sous une autre forme, la plupart des vices de l'ancienne législation : on dirait une *concession* dont la France jouira quelques mois. Quand donc le législateur, comprenant la grandeur de sa mission, dotera-t-il la France d'une législation large et philosophique, capable de régir les droits du peuple pendant de longues années? Il semble que les peuples, comme les mendians, ne doivent vivre qu'au jour le jour!

Le caractère essentiel des lois consiste dans des vues philosophiques et dans la combinaison de tous les intérêts capitaux de la société politique. Elles doivent être essentiellement progressives, et se prêter à toutes les variations qui peuvent naturellement et par la force des choses, changer la physionomie de la nation qu'elles sont appelées à régir. Toute loi stationnaire est le plus grand fléau dont un peuple civilisé puisse être affligé.

Les lois électorales qui nous régissent sont loin d'être progressives; elles sont essentiellement stationnaires.

Examinons si ce vice capital a été conservé dans le projet de loi du gouvernement.

L'article 11, qui renferme le principe le plus vital du projet, est ainsi conçu : « Sont appelés à exercer les droits électoraux tous les citoyens les plus imposés de chaque arrondissement jusqu'à concurrence du double du nombre d'électeurs inscrits sur les listes closes le 16 nov. 1830. »

Une pensée libérale a dicté cette disposition. La France se plaignait avec raison que les droits électoraux étaient concentrés dans les mains d'un petit nombre de privilégiés, et le ministère s'est empressé de *doubler* le nombre des électeurs. Il y a là bonne intention; mais cette disposition fait-elle disparaître les vices de la loi précédente, et est-elle rationnelle? Non.

L'ancienne loi électorale était entachée d'un grand vice: elle déterminait un cens électoral invariable. Il en résultait pour certains départemens une inégalité flagrante de représentation. Dans les départemens de l'ouest, 300 francs de contributions directes équivalent à 600 francs à Paris, à Rouen, à Lille, etc. Ce vice est maintenu par le nouveau projet, car ce seront les listes closes le 16 novembre 1830, c'est-à-dire, celles qui n'étaient formées que d'électeurs à 300 francs de contributions qui serviront de bases. De plus, la fixation d'un cens avait un léger avantage, celui de ne laisser aucune incertitude aux citoyens sur leur capacité politique, tandis que, d'après le projet, les citoyens ignoreront jusqu'à la formation du tableau, s'ils jouiront ou non des droits électoraux.

L'article du projet est essentiellement stationnaire, plus stationnaire encore que le système de l'ancienne loi. Il détermine invariablement le nombre des électeurs de chaque arrondissement. Ainsi, au 16 novembre 1830, le département de l'Ain comptait 521 électeurs, il en aura, suivant le projet, 1042; celui des Hautes-Alpes en comptait 125, il en aura 250. La même opération sera faite sur toutes les listes. C'est une multiplication *invariable* pour tous les départemens, quelques soient les différences notables qui pourront survenir dans la population, dans les fortunes particulières et publiques. Le cens déterminé n'avait point ce vice: il ouvrait la porte de l'électorat à tout citoyen payant 300 francs de contributions; sous l'empire de cette loi, de grandes variations survenaient, chaque année, dans le nombre des électeurs; d'après le projet, il sera à jamais invariable. Ainsi, que la population de la France accroisse ou décroisse d'un million; que l'industrie vivifie les départemens de l'Ouest, ils ne compteront pas un électeur de plus. Le projet eût été moins vicieux en fixant le cens électoral à 150 francs de contributions directes; il eût été moins stationnaire, et le résultat eût été, quant à présent, exactement le même, puisqu'il double le nombre des électeurs payant 300 francs d'impositions.

Voilà certes des vices suffisans pour nécessiter le rejet de cet article.

Cependant, la fixation invariable d'un cens ne peut être admise; elle consacre, pour certains départemens, une inégalité déplorable de représentation. Lors même que la loi n'exigerait que 50 francs de contributions pour jouir de la capacité électorale, ce vice n'en existerait pas moins.

L'électorat est le premier degré de représentation des hommes composant la société politique; une nation de trente-deux millions d'habitans doit assurément compter plus de représentans que celle qui ne serait composée que de quinze millions d'hommes. C'est l'élite du peuple qui doit le représenter : l'intelligence et la fortune, voilà les présomptions de l'amour des citoyens pour l'ordre public; voilà les garanties qu'ils offrent à la société. Il est donc rationnel de combiner pour l'électorat ces trois élémens : la population, l'intelligence et la fortune.

Ainsi, une loi qui déclarerait qu'il y aurait en France un électeur sur un nombre déterminé d'habitans, qui serait pris dans chaque département, dans l'ordre habituel parmi les plus imposés, me paraîtrait réunir tous les avantages des anciens systèmes, sans en avoir les inconvéniens.

Par cette combinaison, la représentation des départemens serait égale pour toute la France dans la proportion de leur population, quelle que soit d'ailleurs la différence relative de leur richesse; la base de la fortune serait aussi admise, puisque le corps électoral serait composé des citoyens les plus imposés; l'intelligence serait représentée par l'admission, aujourd'hui hors de toute attaque, des hommes exerçant des professions libérales : les grades scientifiques établissent la capacité de ceux qui les ont obtenus. Enfin, les variations dans la population, signe certain de la prospérité des particuliers comme des états, imprimerait son influence sur le nombre des électeurs. Cette loi, loin d'être stationnaire, soumettrait le corps électoral à toutes les variations de la société.

La France est composée de trente-deux millions d'habitans; si la loi déclarait que 128 habitans fourniraient 1 électeur, le nombre total des électeurs ne dépasserait pas 250,000; assurément, ce ne serait pas un chiffre trop élevé; ce serait ajouter au plus 50,000 électeurs au chiffre adopté par le projet du gouvernement.

Un tableau prouvera que, d'après cette théorie, le chiffre total des électeurs pour toute la France différera peu de celui qui sera fourni par le projet du gouvernement; il sera même, dans des circonstances données, de beaucoup inférieur: une guerre, une épidémie, mille événemens peuvent faire décroître la population de la France. Mais une différence capitale est à remarquer, c'est que le chiffre partiel, c'est-à-dire, celui qui constate le nombre des électeurs par département, est rarement dans la même proportion entre les deux systèmes. Cela devait être, parce que le système du projet ministériel n'a point pour base la population; il part du principe de la charte de 1814; c'est la contribution directe de 300 francs qui a été baissée de moitié, du moins d'après le système financier de 1830. C'est surtout en jetant les yeux sur ce tableau que l'on remarque l'immense inégalité de représentation de certains départemens, comparativement à certains autres. Il semble qu'il nous faut toujours des aristocraties : celle de l'argent a remplacé celle des parchemins; quand donc finira son règne?

ou du moins, quand ne jouera-t-elle que le rôle qu'elle doit jouer dans l'intérêt du pays? Il est temps que les hommes soient enfin comptés pour quelque chose.

Puisque la cote des impositions directes constate approximativement la fortune des individus, et est, en quelque sorte, la seule garantie reçue de leur attachement à la sûreté de l'État et de leur amour pour la prospérité publique, il est juste de combiner la fortune et la population pour obtenir un corps électoral en harmonie avec les besoins et les idées de notre société; c'est là le but que me suis efforcé d'atteindre.

On comprend qu'il ne s'agit ici que des électeurs imposés; ce chiffre, comme celui du projet ministériel, est tout-à-fait distinct de celui que les électeurs lettrés pourraient fournir. Cette classe d'électeurs est en dehors des rapports de la population.

Voici le tableau qui précise la population de chaque département, et le nombre d'électeurs que cette théorie produirait; il constate le nombre qui existait sur les listes closes le 16 novembre 1830, c'est-à-dire, le chiffre électoral à 300 f. de contributions; et enfin, on y trouvera le chiffre adopté par le projet du gouvernement :

Départements	Population des Départements	Nombre d'Electeurs		
		un sur 128 habitans	un sur 340, ou suivant les listes closes le 16 9bre 1830	un sur 170 ou suivant le projet du gouvernemt
Ain	341,628 hab.	2,668	521	1042
Aisne	489,560	3,824	1363	2,726
Allier	285,302	2228	1096	2192
Alpes-Basses	153,063	1,195	193	386
Alpes-Hautes	125,329	979	125	250
Ardèche	328,419	2,565	381	762
Ardennes	281,624	2,200	593	1186
Ariège	247,932	1,936	357	714
Aube	241,762	1,904	623	1246
Aude	265,991	2,078	1,260	2520
Aveyron	350,014	2,734	642	1284
Bouches du Rhône	326,302	2,549	1500	3,000
Calvados	500,956	3,913	2,398	4,796
Cantal	262,013	2,046	541	1,082
Charente	353,653	2,747	1094	2188
Charente inférieure	424,147	3,313	1091	2,182
Cher	248,589	1,942	671	1342
Corrèze	284,882	2,225	402	804
Corse	185,079	1,445	20	40
Côte d'Or	370,943	2,897	1461	2922
Côtes du Nord	581,684	4,552	884	1,768
Creuse	252,932	1976	380	760
Dordogne	454,637	3,551	1,192	2,384
Doubs	254,314	1986	476	952
Drôme	285,791	2,232	569	1138
Eure	421,665	3,294	1682	3364
Eure et Loir	278,215	2173	1,045	2090
Finistère	502,851	3,928	872	1744
Gard	347,550	2715	1171	2342

Départemens	Population des Départemens	Nombre d'Electeurs un sur 128 habitans	un sur 340 ou suivant les listes closes le 16. 9bre 1830	un sur 170 ou suivant le projet du gouvernem.
Garonne-haute	407,016	3,179	1517	3034
Gers	307,601	2,403	917	1834.
Gironde	538,151	4204	2,400	4,800
Hérault	339,560	2,652	1814	3,628
Ille et Vilaine	553,453	4,323	1175.	2,350
Indre	237,628	1856	642	1284
Indre et Loire	290,160	2.266	1028	2056
Isère	525,984	4109	1213	2426
Jura	310,282	2,424	510	1020
Landes	265,309	2,072	569.	1138
Loir et Cher	230,566	1,801	682	1364
Loire	375,714	2,935	949	1898
Loire-haute	285,673	2,231	442	884
Loire-Inférieure	457,090	3571	1250	2500
Loiret	304,228	2,376	1366	2732
Lot	280,515	2,191	555	1110
Lot-et-Garonne	336,886	2,631	1266	2,532
Lozère	138,778	1084	340	680
Maine et Loire	458,674	3,583	1543	3086
Manche	611,206	4,775	1569	3138
Marne	325,045	2,539.	1012	2024
Marne-haute	244,823	1912	574	1148.
Mayenne	354,138	2,766	1049	2098
Meurthe	403,038	3,148	844	1688
Meuse	306,339	2,393	557	1114
Morbihan	427,453	3,339	691	1382
Moselle	409,750	3,201	795	1590
Nièvre	271,777	2,123	649	1298
Nord	970,296	7,580	2980	5960
Oise	385,124	3,008	1306	2612

Départemens	Population des Départemens	Nombre d'Électeurs — un sur 128 habitans	Nombre d'Électeurs — un sur 340 ou suivant les listes closes le 16 9bre 1830	Nombre d'Électeurs — un sur 170 ou suivant le projet du gouvernem.
Orne	434,379	3393	1149	2298
Pas de Calais	642,969	5023	1168	2336
Puy de Dôme	566,573	4,426	1097	2194
Pyrénées-Basses	412,469	3,066	422	844
Pyrénées-Hautes	222,059	1,734	153	306
Pyrénées-Orientales	151,372	1,182	454	908
Rhin-Bas	535,467	4,183	631	1262
Rhin-Haut	408,741	3,193	622	1244
Rhône	416,575	3254	2043	4086
Saône-Haute	335,422	2,620	509	1018
Saône-et-Loire	515,776	4,029	1552	3104
Sarthe	446,519	3,488	1268	2536
Seine	1,013,373	7916	10,021	20,042
Seine-et-Marne	318,209	2,470	4,019	8,038
Seine-et-Oise	440,871	3,444	1194	2,388
Seine-Inférieure	688,295	5,377	1384	2768
Sèvres-Deux	288,260	2,252	915	1830
Somme	526,282	4,111	1835	3670
Tarn	327,655	2,559	1139	2278
Tarn-et-Garonne	241,586	1,887	1079	2158
Var	311,095	2,430	700	1,400
Vaucluse	233,038	1820	487	974
Vendée	317,149	2,477	927	1854
Vienne	267,670	2,091	800	1600
Vienne-Haute	276,351	2,158	831	1662
Vosges	379,839	2,967	329	658
Yonne	342,116	2,672	864	1728

Le projet admet aux colléges électoraux des citoyens exerçant des professions libérales : c'est une grande amélioration. Mais pourquoi des bases si restreintes ? Pourquoi avoir rejeté les bacheliers ès-lettres et ceux ès-sciences ? N'offrent-ils pas une garantie suffisante de capacité ? Pourquoi l'exclusion des notaires ? Pourquoi celle des pharmaciens, astreints à subir des examens de capacité ? Enfin, quel motif a pu déterminer le ministère à exiger des avoués et avocats un domicile de trois et même dix années dans l'arrondissement électoral ? Est-ce le domicile qui fait la capacité ? N'est-ce pas le diplôme ? Un avocat offre-t-il plus de garanties de talent, parce qu'il demeure depuis trois ans dans un département ? Les professions libérales ne doivent être appelées à concourir à la formation des colléges électoraux que parce qu'elles supposent dans ceux qui les exercent une intelligence suffisante. Cette disposition est d'autant plus singulière que l'on a aboli la possession annale. Il faut convenir que la manie des restrictions fait tomber dans de graves fautes. Pourquoi donc ce projet offre-t-il si souvent des vices de logique ?

L'article 10 du projet mérite une observation; il autorise une délégation d'impôts beaucoup plus étendue que celle qu'avaient fixée les lois antérieures. Cette disposition a été vivement attaquée comme aristocratique; on a craint qu'une famille ne pût se créer un patronage de *bourg-pourri*, et que son chef ou l'un de ses membres ne parvînt facilement à se faire nommer député contre le vœu de la majorité des électeurs d'un petit arrondissement. Il y a quelque chose de fondé dans ce reproche, et certes, il serait salutaire d'imposer quelques conditions restrictives d'une faculté si étendue, mais aussi de conserver à l'art. 10 son esprit, parce qu'il offre un point de vue libéral. Si la loi exige surtout des garanties de capacité, il est presque certain que les hommes investis du droit électoral par délégation les réuniront toujours; de plus, les propriétés territoriales et industrielles seront plus parfaitement représentées;

enfin, et c'est là le principal argument, cette disposition assurera le respect des lois, en prohibant à jamais ces substitutions de complaisance, ces donations fictives, si souvent renouvelées au mépris de la loi, sources de procès scandaleux et de dangers pour les intérêts privés des familles. On pourrait neutraliser l'influence aristocratique de cette disposition, en exigeant que dix électeurs au plus de la même famille, qui n'exerceraient les droits de l'électorat qu'en vertu des délégations autorisées par l'article 10, pourraient voter dans le même arrondissement, lorsqu'il compterait moins de cinq cents électeurs. Cette disposition anéantirait complétement l'influence de patronage et de coteries.

Il faut convenir que le système général du projet ouvre une porte large à ces déplorables menées, en divisant les départemens en arrondissemens électoraux. Rien n'est plus évident que l'infériorité de ce système sur la division départementale. Qui ne sait qu'un riche propriétaire peut répondre de sa nomination dans l'arrondissement où il exerce toujours un immense patronage de fortune et de puissance?

Les élections départementales expriment toujours la manifestation libre de l'opinion publique. L'homme qui réunit la majorité des suffrages d'un département entier ne peut que mériter l'estime publique; il n'en est pas toujours de même de celui qui obtient dans un petit arrondissement quelques suffrages qu'il ne doit souvent qu'à l'intrigue. Cela est d'une haute importance. On ne saurait trop attaquer un si dangereux système, digne à tous égards des principes aristocrates et féodaux de la restauration. Une chambre composée de pareils élémens ne pourra être qu'hostile au pays.

Si les chambres conservaient ce malheureux système, il serait indispensable d'en neutraliser l'effet par un certain nombre d'élections départementales. On remarquera qu'il ne s'agit point de créer un double vote proprement dit, mais d'attribuer à tous les arrondissemens, réunis au chef-lieu de leur département, la nomination d'un ou de plusieurs députés.

Le projet donne une puissance immense à l'intrigue et à l'aristocratie, en divisant les arrondissemens électoraux en 468 circonscriptions nommant chacune un député. Pourquoi cette division, puisque le nombre des arrondissemens communaux n'est environ que de 378? C'est augmenter les rouages de l'administration. L'uniformité a des avantages que l'on ne devrait pas mépriser sans motifs. Cette subdivision nouvelle sera plus déplorable que l'ancienne, qui n'était que de 258 circonscriptions électorales. Il serait bien plus naturel d'attribuer à chaque arrondissement administratif la nomination d'un député; le patronage et l'intrigue seraient, en général, moins redoutables dans un arrondissement administratif, toujours beaucoup plus peuplé que les étroites circonscriptions électorales du nouveau projet.

Mais il est vrai de dire que les arrondissemens communaux ne sont égaux ni par la population, ni par la superficie territoriale; cela peut être un vice (1); il serait dangereux de le faire passer dans une loi d'élection, et c'est là ce que le ministère a voulu éviter par sa nouvelle circonscription électorale. Mais ce système serait encore plus préjudiciable à l'État qui n'aurait qu'une représentation féodale.

On pourrait concilier tous les intérêts et obtenir une législation, sinon parfaite, du moins meilleure, en attribuant à chaque arrondissement administratif, quelles que soient d'ailleurs sa population et sa superficie territoriale, la nomination d'un député. Le nombre en serait alors porté à 378. Mais comme, d'une part, ce serait une représentation hors de toute proportion avec la population de la France, et, d'autre part, comme il y aurait eu inégalité de représentation entre un département peu peuplé et un autre départe

(1) C'est à l'administration à le faire disparaître par une circonscription plus convenable, que l'on mettrait en harmonie avec la loi électorale.

ment beaucoup plus populeux, on pourrait, pour mettre la représentation nationale en rapport avec la population du pays, attribuer aux arrondissemens réunis au chef-lieu du département, la nomination d'un ou de plusieurs députés, dont le nombre varierait par chaque département, selon sa population, de manière que, somme totale, chaque département, y compris la réunion des députés d'arrondissement, nommât un député sur 53,000 habitans. Alors la députation de la France serait composée de 603 membres. Assurément, ce chiffre, quoique plus élevé que celui proposé par le gouvernement, donnerait une chambre encore bien inférieure en nombre à celle d'Angleterre, et cette représentation serait plus avantageuse à la France; tous les bons esprits sont d'accord sur ce point. Il est trop facile à une administration corruptrice d'obtenir une majorité, lorsqu'une chambre est composée d'un petit nombre de citoyens. La corruption échoue contre une masse imposante. Le passé nous a prouvé qu'une chambre de 430 membres n'est pas incorruptible.

Ce système serait d'une simplicité qui faciliterait singulièrement le travail de l'administration, et la France jouirait enfin d'une représentation digne d'elle. Le tableau ci-joint contient l'application de cette combinaison.

Départements	Arrondissements Communaux	Nombre de Députés à élire par arrondissement	Population totale de chaque Département	Nombre de Députés à élire: Pour complément des 600	1147 Sur 57000 habitans	Suivant 1830	Suivant le projet du gouvernement
Ain	Bourg	1	341,628	1	6	5	5
	Nantua	1					
	Belley	1					
	Trévoux	1					
	Gex	1					
Aisne	Saint-Quentin	1	489,560	4	9	6	7
	Soissons	1					
	Laon	1					
	Vervins	1					
	Chateauthierry	1					
Allier	Montluçon	1	285,302	1	5	4	4
	Moulins	1					
	Gannat	1					
	Lapalisse	1					
Alpes-Basses	Barcelonnette	1	153,063	0	3	2	2
	Castellane	1					
	Digne	1					
	Sisteron	1					
	Forcalquier	1					
Alpes-Hautes	Briançon	1	125,329	0	2	2	2
	Embrun	1					
	Gap	1					
Ardèche	Tournon	1	328,419	3	6	3	3
	Privas	1					
	L'Argentière	1					
Ardennes	Rocroi	1	281,624	0	5	3	4
	Mézières	1					
	Sedan	1					
	Rethel	1					
	Vouziers	1					
Ariège	Pamiers	1	247,932	2	5	3	3
	Saint-Girons	1					
	Foix	1					
Aube	Arcis-sur-Aube	1	241,762	0	5	3	4
	Nogent-sur-Seine	1					
	Troyes	1					
	Bar-sur-Aube	1					
	Bar-sur-Seine	1					
Aude	Castel Naudary	1	265,991	1	5	4	5
	Carcassonne	1					
	Narbonne	1					
	Limoux	1					
Aveyron	Espalion	1	350,014	2	7	5	5
	Millau	1					
	Sainte-Affrique	1					
	Rhodez	1					
	Villefranche	1					

Départements	Arrondissements Communaux	Nombre de Députés à élire par arrondissement	Population totale de Chaque Départem.t	Nombre de Députés à élire			
				Pour Complém.t des 600	un sur 54,000 habitans	Suivant 1831	Suivant le projet du Gouvernem.t
Bouches du Rhône	Marseille	1	326,302	3	6	5	7
	Aix	1					
	Arles	1					
Calvados	Bayeux	1	500,956	3	9	7	7
	Caen	1					
	Pont-l'Évêque	1					
	Lisieux	1					
	Falaise	1					
	Vire	1					
Cantal	Mauriac	1	262,013	1	5	3	4
	Murat	1					
	Saint-Flour	1					
	Aurillac	1					
Charente	Ruffec	1	353,653	2	7	5	5
	Confolens	1					
	Angoulême	1					
	Barbezieux	1					
	Cognac	1					
Charente Inf.re	La Rochelle	1	424,147	2	8	7	7
	Rochefort	1					
	St Jean d'Angély	1					
	Saintes	1					
	Jonzac	1					
	Marennes	1					
Cher	Sancerre	1	248,589	2	5	4	4
	Bourges	1					
	Saint-Amand	1					
Corrèze	Ussel	1	284,882	2	5	3	4
	Tulle	1					
	Brive	1					
Corse	Ajaccio	1	185,079	0	4	2	2
	Bastia	1					
	Calvi	1					
	Corte	1					
	Sartene	1					
Côte d'Or	Chatillon	1	370,943	3	7	5	5
	Semur	1					
	Dijon	1					
	Beaune	1					
Côtes du Nord	Lannion	1	581,684	6	11	6	6
	Saint-Brieuc	1					
	Dinan	1					
	Loudéac	1					
	Guingamp	1					

Départements	Arrondissements Communaux	Nombre de Députés à élire par arrondissem^t	Population totale de chaque Départem^t	Nombre de Députés à élire: O. sur comptant des 500	un sur 50,000 habitans	Suivant 1831	Suivant le projet du gouvernem^t
Creuse	Gueret	1	252,932	1	5	3	4
	Boussac	1					
	Aubusson	1					
	Bourganeuf	1					
Dordogne	Nontron	1	454,637	4	9	7	7
	Périgueux	1					
	Sarlat	1					
	Bergerac	1					
	Ribérac	1					
Doubs	Besançon	1	254,314	1	5	4	5
	Baumes les Dames	1					
	Montbéliard	1					
	Pontarlier	1					
Drôme	Valence	1	285,791	1	5	3	5
	Die	1					
	Nyons	1					
	Montélimar	1					
Eure	Pont Audemer	1	421,665	3	8	7	7
	Louviers	1					
	Andelys	1					
	Evreux	1					
	Bernay	1					
Eure et Loir	Dreux	1	278,215	1	5	4	4
	Chartres	1					
	Chateaudun	1					
	Nogent le Rotrou	1					
Finistère	Brest	1	502,851	4	9	6	6
	Morlaix	1					
	Chateaulin	1					
	Quimper	1					
	Quimperlé	1					
Gard	Alais	1	347,550	3	7	5	5
	Uzès	1					
	Nismes	1					
	Vigan	1					
Garonne-haute	Saint Gaudens	1	407,016	4	8	7	5
	Toulouse	1					
	Villefranche	1					
	Muret	1					
Gers	Condom	1	307,601	1	6	5	5
	Lectoure	1					
	Auch	1					
	Lombez	1					
	Mirande	1					

Départements	Arrondissements Communaux	Nombre de Députés à élire par arrond.t	Population totale de chaque Départem.t	Nombre des Députés à élire: Pour compléter des 600	un sur 54000 habitans	Suivant 1830	Suivant le projet du Gouvernem.t
Gironde	Bazas Blaye Libourne La Réole Bordeaux Lesparre	1 1 1 1 1 1	538,151	--	10	8	9
Hérault	Lodève Montpellier Béziers St Pons de Tomiers	1 1 1 1	339,560	2	6	5	7
Ille-et-Vilaine	St Malo Fougères Vitré Redon Montfort sur Men. Rennes	1 1 1 1 1 1	553,453	4	10	7	7
Indre	Issoudun Chateauroux La Châtre Le Blanc	1 1 1 1	237,628	0	4	3	5
Indre et Loire	Tours Loches Chinon	1 1 1	290,160	2	5	4	4
Isère	Vienne La Tour du Pin Grenoble Saint-Marcellin	1 1 1 1	525,984	6	10	6	7
Jura	Dôle Poligny Saint-Claude Lons le Saunier	1 1 1 1	310,282	2	6	3	5
Landes	Mont-de-Marsan Saint-Sever Dax	1 1 1	265,309	2	5	3	3
Loir et Cher	Vendôme Blois Romorantin	1 1 1	230,566	1	4	3	3
Loire	Roanne Montbrison Saint-Etienne	1 1 1	375,714	4	7	5	5
Loire-Haute	Le Puy Brioude Yssengeaux	1 1 1	285,673	2	5	3	3

Départements	Arrondissements communaux	Nombre de Députés à élire par arrondissem.t	Population totale de chaque Départem.t	Nombre de Députés à élire			
				Compl.t complém.t de l 600	un sur 50,000 habitans	Suivant 1830	Suivant le projet du gouvernem.t
Loire Inférieure	Châteaubriant	1	457,090	4	9	6	8
	Paimbœuf	1					
	Ancenis	1					
	Nantes	1					
	Savenai	1					
Loiret	Pithiviers	1	304,228	2	6	5	7
	Montargis	1					
	Gien	1					
	Orléans	1					
Lot	Cahors	1	280,515	2	5	6	6
	Figeac	1					
	Gourdon	1					
Lot-et-Garonne	Agen	1	336,886	2	6	5	7
	Marmande	1					
	Nérac	1					
	Villeneuve d'agen	1					
Lozère	Marvejols	1	138,778	0	3	2	4
	Mende	1					
	Florac	1					
Maine et Loire	Segré	1	458,674	4	9	7	7
	Baugé	1					
	Saumur	1					
	Beaupréau	1					
	Angers	1					
Manche	Cherbourg	1	611,206	6	12	7	9
	Saint-Lô	1					
	Mortain	1					
	Avranches	1					
	Coutances	1					
	Valognes	1					
Marne	Reims	1	325,045	1	6	5	7
	S.te Menehould	1					
	Vitry-le-français	1					
	Châlons-S.t marne	1					
	Epernay	1					
Marne-Haute	Vassy	1	244,823	2	5	4	4
	Chaumont	1					
	Langres	1					
Mayenne	Mayenne	1	354,138	4	7	5	5
	Laval	1					
	Château Gonthier	1					
Meurthe	Toul	1	403,038	3	8	5	7
	Nancy	1					
	Château Salins	1					
	Sarrebourg	1					
	Lunéville	1					

Départements	Arrondissements Communaux	Nombre de Députés à élire par arrondissement	Population totale de chaque Départemt.	Nombre de Députés à élire			
				Pour complément de 600	un sur 54,000 habitants	Suivant 1880	Suivant le projet du gouvernement
Meuse	Bar-le-Duc Commercy Montmedy Verdun	1 1 1 1	306,339	2	6	4	4
Morbihan	Pontivy Ploermel Lorient Vannes	1 1 1 1	427,453	4	8	6	6
Moselle	Briey Metz Thionville Sarreguemines	1 1 1 1	409,750	4	8	7	5
Nièvre	Cosne Clamecy Nevers Château-chinon	1 1 1 1	271,777	1	5	4	4
Nord	Cambrai hazebrouck Lille Douai Avesnes Dunkerque Valenciennes	1 1 1 1 1 1 1	970,296	11	18	12	12
Oise	Beauvais Clermont Compiègne Senlis	1 1 1 1	385,124	3	7	5	5
Orne	Domfront Argentan Alençon Mortagne	1 1 1 1	434,379	4	8	7	7
Pas-de-Calais	Boulogne Saint-Omer Montreuil Arras Saint-Pol Béthune	1 1 1 1 1 1	642,969	6	12	7	7
Puy de Dôme	Riom Thiers Ambert Clermont-ferrand Issoire	1 1 1 1 1	566,573	6	11	7	7
Pyrenées-basses	Pau Oloron Mauléon Bayonne Orthez	1 1 1 1 1	412,469	3	8	5	5

Départemens	Arrondissemens Communaux	Nombre de Députés à élire par arrondissem.	Population totale de chaque départemt.	Nombre de députés à élire			
				pour complément des 600	Sur 54,000 habitans	Suivant 1790	Suivant le projet du gouvernem.
Pyrenées-hautes	Tarbes Argelès Bagnères de Bigorre	1 1 1	222,059	1	4	3	3
Pyrenées Orientales	Céret Perpignan Prades	1 1 1	151,372	0	3	2	4
Rhin-Bas	Wissembourg Saverne Strasbourg Selestat	1 1 1 1	535,467	6	10	5	6
Rhin-haut	Colmar Altkirch Belfort	1 1 1	408,741	5	8	5	3
Rhône	Villefranche Lyon	1 1	416,575	6	8	5	5
Saône-haute	Gray Lure Vesoul	1 1 1	335,422	3	6	3	3
Saône et Loire	Autun Charolles Chaalons s.r Saône Louhans Mâcon	1 1 1 1 1	515,776	5	10	7	7
Sarthe	Mamers Saint Calais La flèche Le Mans	1 1 1 1	446,519.	4	8	7	7
Seine	Paris Saint Denis Sceaux	12 1 1	1,013,373	5	19	12	14
Seine et Marne	Melun Coulommiers Meaux Fontainebleau Provins	1 1 1 1 1	318,209	1	6	5	5
Seine et Oise	Versailles Mantes Pontoise Corbeil Étampes Rambouillet	1 1 1 1 1 1	440,871	2	8	7	7
Seine Inférre.	Le havre Yvetot Dieppe Neufchatel Rouen	1 1 1 1 1	688,295	8	13	10	11

Départements	Arrondissements Communaux	Nombre de Députés à élire par arrondissem.t	Population totale de chaque Départem.t *	Nombre de Députés à élire: Pour complément des 600	ou sur 54,000 habitants	Suivant 1830	Suivant le projet du gouvernem.t
Sèvres-Deux	Bressuire	1	288,260	1	5	3	5
	Parthenay	1					
	Niort	1					
	Melle	1					
Somme	Abbeville	1	526,282	5	10	7	7
	Doullens	1					
	Péronne	1					
	Montdidier	1					
	Amiens	1					
Tarn	Gaillac	1	327,655	2	6	4	6
	Alby	1					
	Castres	1					
	Lavaur	1					
Tarn et Garonne	Montauban	1	241,586	2	5	4	4
	Moissac	1					
	Castel Sarrasin	1					
Var	Brignoles	1	311,095	2	6	5	6
	Draguignan	1					
	Grasse	1					
	Toulon	1					
Vaucluse	Orange	1	233,038	6	4	3	5
	Avignon	1					
	Carpentras	1					
	Apt	1					
Vendée	Sables d'Olonne	1	317,149	3	6	5	5
	Bourbon vendée	1					
	Fontenay	1					
Vienne	Loudun	1	267,670	0	5	4	6
	Châtellerault	1					
	Montmorillon	1					
	Civray	1					
	Poitiers	1					
Vienne-haute	Bellac	1	276,351	1	5	4	5
	Limoges	1					
	Saint yrieix	1					
	Rochechouart	1					
Vosges	Neuf-château	1	379,839	2	7	5	5
	Mirecourt	1					
	Epinal	1					
	Saint-Dié	1					
	Remiremont	1					
Yonne	Sens	1	342,116	1	6	5	5
	Joigny	1					
	Auxerre	1					
	Tonnerre	1					
	Avallon	1					

Ici se présente une remarque toute opposée à celle qui a été faite à propos du tableau précédent, c'est que le nombre total des députés, quoique bien différent dans les deux systèmes, est souvent le même pour certains départemens. La cause de cette différence me paraît être le meilleur argument en faveur de mon projet. En effet, comment le gouvernement, qui a souvent augmenté, à cause de la population, le nombre des députés de certains départemens, ne se trouve-t-il pas toujours d'accord avec ma théorie, qui n'a pour principe que la population? Mes chiffres sont exacts, ceux du projet ministériel ne le sont pas toujours, et de plus le projet du gouvernement a pris pour base de son système, tantôt la population, tantôt l'importance commerciale ou territoriale des départemens; un principe unique n'est pas la base de sa théorie.

On ne saurait trop le répéter, les députés sont les représentans des hommes composant la société politique; ils ne représentent ni la terre, ni les forêts, ni les prairies, ni les denrées. Vouloir combiner tous ces intérêts, c'est s'exposer aux plus graves erreurs; c'est une combinaison qui ne sera jamais exacte; l'arbitraire s'y mêlera toujours; la représentation des départemens ne sera jamais égale.

Prendre la population pour base, c'est partir d'un principe positif; c'est aussi adopter une idée simple, et les idées simples sont toujours les meilleures, en fait de gouvernemens populaires.

C'est surtout le chapitre qui traite de l'éligibilité qui est vicieux dans le projet du gouvernement; accusons-en faiblement le ministère; ce n'est point lui seul que le pays rend responsable de ces vices; il y a des nécessités parlementaires que les ministres les plus patriotes sont obligés de subir.

Faut-il encore s'étonner que le projet exige un cens d'éligibilité? Lorsque les électeurs offrent au pays toutes les garanties désirables, en exiger des éligibles, c'est une superfétation de précautions, c'est même une restriction illibé-rale. Le système contraire se conçoit, lorsque le corps électoral n'offre aucune garantie; il faut le mettre dans l'impossibilité de faire de mauvais choix; mais avec notre système électoral, c'est manquer de logique, c'est montrer une ténacité opiniâtre pour les priviléges de la fortune.

Une bonne loi électorale, une loi philosophique et rationnelle, devrait être conçue, relativement aux électeurs, dans un esprit de garanties, je dirai presque dans un esprit préventif; mais elle déclarerait tous les Français éligibles; une loi moins heureuse n'accorderait le droit d'éligibilité qu'aux électeurs; une loi étroite serait conçue dans les termes du projet; elle ne reconnaîtrait point le droit d'éligibilité aux classes éclairées que leurs lumières appellent à l'électorat! Tout nous présage que la chambre des députés adoptera ce dernier système.

Pour justifier cette conception féodale qui concentre dans les mains de quelques hommes riches, les droits de tous, on prouvera la nécessité d'indemniser les députés peu favorisés de la fortune; on parlera de la facilité d'acheter leurs consciences et leurs votes; mais le passé a prouvé à la France qu'il y aurait pour elle bénéfice immense, économie positive à indemniser les hommes sans fortune qui auraient mérité les suffrages de leurs concitoyens; le scandale du *billet de mille francs* atteste que les députés *corruptibles* ne sont pas les plus pauvres. N'y a-t-il donc que l'argent qui séduise? les préfectures! les parquets! les cours royales! les recettes générales! les cordons! les honneurs! le budget enfin!

La question d'incompatibilité des fonctions publiques salariées avec la qualité de député, aurait dû être tranchée par le projet. On a pu dans les illusions du triomphe disserter sur cette question; aujourd'hui elle est résolue par l'expérience de quelques mois; la débattre encore, c'est fermer les yeux à l'évidence; c'est conserver dans un âge mûr, et après de longs et cruels malheurs; toutes les illusions de l'adolescence.

Une remarque se présente d'abord à l'esprit : il est assez singulier que les mêmes hommes qui repoussent avec force l'idée d'accorder une indemnité aux députés, mettent la même énergie à soutenir la compatibilité parfaite des fonctions publiques avec la qualité de député ! Il y a dans cette contradiction quelque chose d'étrange. Quoi! n'est-il pas évident, comme deux et deux font quatre, que le préfet qui reçoit par année un traitement de trente mille francs, et qui siége six mois à la chambre, perçoit, de compte fait, en bonne arithmétique, quinze mille francs comme député! Ce raisonnement n'est-il pas rigoureusement applicable à tous nos députés fonctionnaires? Il faut l'avouer, les adversaires de ces principes se trouvent seulement dans les chambres; mais tôt ou tard la raison l'emportera sur les conceptions intéressées; encore quelques exemples de *chambres-fonctionnaires*, comme celles que nous a[illegible]uis quinze années, et la représentation nationale deviendra ce qu'elle doit être; les électeurs se fatigueront de se rassembler pour donner des brevets de présidens, de procureurs-généraux, de receveurs, de préfets, etc., etc.

Il est facile de prévoir le sort de la nouvelle loi électorale: elle sera mauvaise; ayons espérance en des temps meilleurs

Une consolation restera à la chambre des députés: elle croira avoir abattu par des lois aristocratiques, le parti qu'elle est convenue, ainsi que quelques dupes, d'appeler *républicain*. Vain fantôme! Croquemitaine politique! Peut-on donner le titre de parti à quelques jeunes écervelés sans crédit, sans puissance, sans appui dans la nation! Un peuple est à plaindre, quand ses représentans tombent dans de semblables piéges! Si la France est républicaine, la chambre est impuissante pour arrêter son élan; si, comme on n'en saurait douter, elle veut la Charte, mais avec ses conséquences ; elle l'obtiendra malgré la chambre des députés ! On ne saurait faire remonter un fleuve à sa source ; l'esprit public est une puissance indomptable ; tôt ou tard il triomphe ; il ne faut jamais le heurter.

Imprimerie de SELLIGUE, rue des Jeûneurs, n° 14

www.ingramcontent.com/pod-product-compliance
Ingram Content Group UK Ltd.
Pitfield, Milton Keynes, MK11 3LW, UK
UKHW020533230726
13925UKWH00005B/2278